深水埗 畫當年

柴宇瀚 彭啤

深水埗

畫當年

柴宇瀚　彭啤

深水埗位處華南濱海盡處，受山形地勢限制，沿海為狹長沙岸，平地不多，不易開發，自古以來人煙杳少，直至清中葉有客籍士族入遷，開村立業，遂有黃屋、蘇屋、李屋、鄭屋之設，然而居民生活仍是相當艱苦。1841年港島開埠之初，卑路乍繪畫的地圖對九龍半島無甚記載，僅將深水埗對出之海島標註為「Wonghuchow」（昂船洲），即便二十年後的《北京條約》附圖，對界限街以北地帶亦只以「此一帶皆係高山」總結。

一直以來，我們都以尋常鄉村的角度看待深水埗，直到1957年，因徙置區開發工程無意間發掘出東漢時期的墓塚，引起哄動，許多學者也着手研究深水埗的歷史，其中尤以羅香林教授的《李鄭屆村與香港地區自漢至清初之沿革》總結了當區的前代歷史，徹底改變我們對本區的想像。與此同時，戰後多項影響香港經濟與民生的建設均設在深水埗，諸如由香港紗廠奠豎本地紡、織、染工業，連帶製衣、時裝設計、布料、衣飾配件及成衣批發商與零售店等連鎖行業均在本區設廠設舖，直接塑造了荔枝角至深水埗的經濟生態圈；此外，本區的房屋設施更堪稱為現代香港房屋規劃的試驗場，自1953年石硤尾大火後，政府決心改變長遠房屋政策，由政府興建的包寧平房、徙置區、廉租屋、七層公屋，以至私人經營的大坑西邨平民屋宇，再到全港首個大型私營屋苑美孚新邨等等，均以深水埗區為試點，再將成功經驗套用於別區，帶動全港的城市發展，影響相當鉅大，由此可見，深水埗區的意義其實遠超於日常的市井印象。

柴宇瀚博士有志研究本港各區史地，年來協助香港史學會主

持各項活動，樂於向公眾介紹地區故事。近年更編撰專書，先後出版《南區小誌》及《灣仔畫當年》等，側聞頗有銷售紀錄。今柴兄再次與著名畫家彭啤先生攜手合作，編撰《深水埗畫當年》，以淺白文字及精美繪圖介述深水埗區的歷史與社區發展點滴，相信這種方式亦是目今較易表達及受歡迎的歷史論述方式。期望讀者閱讀本書能增進對該區之理解外，亦多加體會兩位作者的用心。

謹誌數言為序為之賀。

鄧家宙

序於恆泰樓

歷史學博士、香港史學會總監

雙劍合璧

　　彭啤傳來幾張他的素描，這是他與柴宇瀚第二次合作了。上一趟他們一個畫、一個寫。書成，《灣仔畫當年》呈現出灣仔新與舊的面貌來。柴宇瀚考究功夫做得好，把灣仔前世今生梳理出來。彭啤的繪畫，可以是寫意，閒閒幾筆，勾畫出舊日街景；也可以像工筆畫，精緻細膩，把灣仔歷史建築的神韻捕捉下來。

　　彭啤和柴宇瀚從灣仔來到深水埗，繼續他們的尋根之旅。彭啤的畫工，更見神采；柴宇瀚下筆有情，把深水埗歷史説得有趣。看了彭啤畫出來的武帝廟、雷生春、石硤尾街市平台、主教山配水庫，還有已經消失的巴域街舊樓石牆森林。繪畫配上柴宇瀚的文字，很是好看。

　　期待彭啤其他四十多幅的深水埗街景素描、柴宇瀚書寫出來的深水埗歷史。

張灼祥

拔萃男書院前校長

推薦序三

彭啤：

這座城市，有人走了，有人留下……

一年如是，二十年如是，半世紀如是……

那些記憶，少許朦朧，更多清晰……

你選了城市速寫，我選了小說電影，載體不同，記錄一樣……

那些記憶，縱使遺憾，不失希望……

文字如是，圖像光影如是，用心就是……

這座城市，我還有你，你還有我……

李敏

2021 年 4 月

香港作家、編劇、電台主持

彭啤又來了新畫作,當他告訴我今次主題是深水埗時,我既驚又喜!先說「喜」,人人都說深水埗是給香港低下階層生活的地方,這個想法大錯特錯,我認為它是給予全香港人生活的地方;尤其是當這二十年香港急速變化下,深水埗就成了大家的一片綠洲!雖然我家住尖沙咀,但近二十年我卻迷上深水埗,成為我去得最多的地區!除了在此購買日常用品、經濟衣服、電子產品外,尋寶是我最喜歡的活動,每天大街小巷不停有人擺賣舊物,當中可以找尋到香港故有的歷史及文化,包括舊報紙、雜誌、書籍、相片、文件等等,有時再跟擺賣者傾談一下貨品的來歷又是一大堆故事;有時不用詢問,亂逛之中聽見路邊各人的對話內容已經很精彩很動人!近年由於租金比其他區平,文化氣息重的咖啡店、展覽館、二手店越開越多,而且很特色!已經是個建制架構以外,真正的「香港歷史博物館」!至於「驚」,由於深水埗是一條每日不停流動的河流,近乎每一刻每一個小時所見的畫面也不同,同一個位置日間跟夜晚有不同,平日的格局與農曆新年三天假期更有天淵之別,亂中有序的大市集,可媲美土耳其露天市集!我就驚怕彭啤根本不可能捕捉深水埗所有畫面,他每幅繪畫,只能是深水埗某個時空某個點滴!但想深一層,這也沒有所謂了,這本書就是希望作為香港人了解一下這片可能是死剩的文化綠洲,自己親身去感受吧!

雲海
2021 年 5 月
香港作家

讀大學時，才第一次逛深水埗鴨寮街，對在新市鎮成長的我來說，這條街古靈精怪！當年我在鴨寮街買舊黑膠唱片來加工做系會歌唱比賽的獎項，又買 Disco Ball 送給朋友做生日禮物。當時鴨寮街給我的感覺是，你在別處找不到的東西，在這裏都買得到。畢業後進電台工作，鴨寮街成為了我採訪的地點，以前在這裏找貨物，現在變了找故事。在這裏遇過延續去世弟弟音響舖的姐姐，遇過要照顧癱瘓家人的電器店女檔主。現在鴨寮街給我的感覺是，這裏充滿故事。

我在深水埗尋找今日的人和事，想回望昔日，就要讀柴博士和彭啤的《深水埗畫當年》。原來以前這裏水深港闊，居民用水路出外，武帝廟門口就是海，很喜歡書中那舊照片！原來常常聽到年長受訪者提及的火燒六村——石硤尾大火，是由一盞火水燈觸發，這火頭令數萬人無家可歸，影響港英政府的房屋政策。柴博士的文字、彭啤細膩的寫生、深水埗舊照片，都讓我享受閱讀歷史。

話說我第一次見彭啤，就在醫局街頭。那時他在寫生，坐在馬路邊，已連續幾個週末在同一位置繪畫，很佩服他的堅持，用畫筆記錄這不停變化的城市，而這幅作品正好收錄在此書中，找找看吧！

急急子

香港商業電台叱咤 903 DJ

自序

兩年前，我們在天地圖書鼎力協助下，寫成《灣仔畫當年》；積極籌備兩年後，走訪深水埗每個角落，獲得第一手資料，再寫成《深水埗畫當年》，以深入淺出的筆觸，記下深水埗的點點滴滴，這些資料和回憶彌足珍貴，使我們地區研究及城市速寫的工作，又再邁進一步。

香港近年變化萬千，變化的不只是地區，還有很多人的想法，開始關注身邊事物，對香港舊有建築珍而重之，保育意識也隨之提高。對於以上一切，我們都樂觀其成，尤其是對主教山配水庫的重視程度，更是香港人珍惜古舊建築的鐵證。

深水埗地理位置優越，位於九龍西岸，自嘉慶年間（1796-1820）起，舒懋官主編《新安縣志》，記下「深水莆」及「長沙灣」兩條村落，都是我們在香港沿岸地區的考究重點，意義重大，後來深水埗再有「深水埔」、「深水步」、「深水埗」等稱呼，印證歷代名稱的轉變。時至今日，深水埗大型建設較少，保留舊式建築，自成一格，所以我們加快步伐，推動地區研究及城市速寫的工作。

這兩年我們邊走邊看，走過大街小巷；看過廟宇老店。一位梳理歷史；一位記載當下。希望能為讀者呈現出一個立體而多維度的深水埗。透過數代人的遷移故事帶出香港段段歷史，阡陌縱橫編織出特色的深水埗街道，輪廓、顏色、氣味令海壇街、鴨寮街、福榮街等街道充滿個性。這數年間深水埗仍在不斷蛻變，當中以大南街的變化最為明顯，隨着傳統外牆招牌一個接一個被拆下，店舖一間接一間轉營，是結束也是開始……歷史就是這樣線

性地走來，總是環環相扣，從當下的結果回看當年的種種由來，認識過後，你眼前這熟悉的香港從此變得不再一樣。

柴宇瀚、彭啤
序於辛丑年仲夏

目錄

第一章：深水埗流亡錄

第二章：新九龍時期的深水埗

第三章：二次大戰後的深水埗

第四章：深水埗的特色街道

附錄

第一章

深水埗流亡錄

深水埗範圍與名稱

　　香港位於中國南方，遠離中原地帶。歷史上每逢中原板蕩，人民因戰亂或大災荒而流離失所，流亡到其他地方，成為難民。回顧中國歷史，晉朝五胡亂華、唐朝安史之亂、宋朝金人南侵、蒙古大軍壓境、太平天國創立、民國八年抗戰、國共內戰……自古至今，一批一批的難民南遷，歷時超過一千年，寫成一部有血有淚的中國流亡史。至於香港，過去受益於中國內地的難民潮，令人口倍增，勞動力隨之提升，造就 50 年代以後的經濟日漸蓬勃，發展成輕工業發達的城市，再搖身一變為國際大都會，難怪錢穆鼓勵我們「寫一部香港流亡史」呢！

　　本文先探討深水埗（Sham Shui Po）的界線。深水埗原指九龍以西深水的範圍，後來有廣義及狹義之分：廣義是指深水埗區，是香港十八區之一，範圍由石硤尾以西，至美孚（Mei Foo）以南的地方，其中包括：荔枝角（Lai Chi Kok）、長沙灣（Cheung Sha Wan）、石硤尾（Shek Kep Mei）、昂船洲（Stonecutters Island）等多個區域，地方較大；狹義則指一個鐵路站的範圍，地方較小。本文探討的是深水埗的廣義範圍，細說深水埗的前世今生。

深水埗字義的不同

本文再講解深水埗的字義，其中「埗」與「埠」的字義相同，意指碼頭，反映以往深水埗一帶的居民透過水路出外，而且從「深水」兩個字，可知當地水深港闊，直至今日的荔枝角、長沙灣一帶才有淺灘。當年由今日的李鄭屋邨（Lei Cheng Uk Estate）附近開始，一直向西填海，鋪建人所熟悉的青山道（Castle Peak Road）、長沙灣道（Cheung Sha Wan Road）、荔枝角道（Lai Chi Kok Road）、通州街（Tung Chau Street）等街道，一直到南昌站（Nam Cheong Station）為止，路程長達兩公里，可見深水埗填海範圍甚廣。

「深水埗」三個字的寫法，人們都是從一些公共交通工具、旅遊書籍、美食網站等渠道認識，但是深水埗的名稱來源眾多，寫法又豈止一個呢？經過筆者深入研究後，了解命名原因，並得出以下五個名稱：

名稱	命名原因
深水莙	莙，一種水草的名字，後來引申為水草蓋建的房屋、村落等，意指深水埗在十九世紀已經遍佈草屋。
深水步	步與埗，字形與字音相近，或為手民之誤，習非成是所致。
深水埗	埗，粵語字詞，意指碼頭。
深水埔	埔，粵語及閩語字詞，意指山邊或海旁平坦的地方，發展成為村落。
深水浦	浦，岸邊一帶。

自舒懋官主編《新安縣志》起，即是 1816 年以後，已經有深水埗的稱呼，換句話說，深水埗的不同名稱由來已久，距今超過二百年，有助我們對深水埗有更進一步的了解。顧名思義，深水埗就是一個水深的地方，而今日美荷樓（Mei Ho House）的後方都是山坡，前方就是大海，漸漸成為一個背山面海的避風塘，可以停泊船隻，為船家補給。隨着政府的填海，深水埗的海岸線一直向西遷移，船隻失去避風港灣。

李鄭屋古墓

　　上文從深水埗的地名上推論，證明深水埗的稱呼，已有二百年的時間。再按古蹟推論，深水埗在漢朝開始已經有人居住，那個古蹟就是李鄭屋古墓（又名李鄭屋漢墓，Lee Cheng Uk Han Tomb Museum）。不少人最初認識李鄭屋古墓，是從小學的教科書裏學習而來，但是有沒有踏足過古墓附近，甚至入內參觀，或成疑問。為甚麼深水埗會有一個古墓呢？究其原因，可追溯至公元一世紀前後。

　　東漢時期（公元 25 － 220 年），今日的李鄭屋邨（Lee Cheng Uk Estate）一帶已有人居住，居民住在岸邊，多以務農捕魚為生。換句話說，居民都過着一些簡樸的生活。為甚麼墓地會被發現呢？這件事情就要由 1953 年的石硤尾大火 [1] 說起。

　　1953 年 12 月 24 日，石硤尾發生火災，數以萬計的人無家可歸，政府決定夷平山坡，興建七層高的徙置大廈，並於 1955 年 8 月發現古墓，事件轟動全港。香港大學中文系系主任林仰山教授（Frederick Sequier Drake）帶領學生一起研究，發掘五十八件陶器、青銅器等文物。據研究所得，古墓分為前、後、左、右四個墓室，平面呈現一個十字形，以磚石建造，質料堅硬，部份以隸書刻有「薛師」、「大吉番禺」或「番禺大治曆」等字樣，而隸書正是漢朝常見的書法。至於九龍，在東漢時期屬南海郡番禺縣管轄，與上述字樣所刻相同，可推斷古墓約在東漢時期建造。

　　古墓中部以十字形穹窿頂部建成，是東漢中期常見的建造方式，而墓室的小龕設置，都可見於東漢前期。其設計獨特，平民百姓不會有這樣的建設，

1　石硤尾大火：詳見本文第三章。

1955 年，李鄭屋古墓被
發掘後的情況，市民爭相
圍觀，希望窺探古墓以內
的環境。相片中間的位置
正是古墓的入口。

↑ 李鄭屋古墓（又名李鄭屋漢墓，Lee Cheng Uk Han Tomb Museum。）

筆之隨想：李鄭屋古墓在我心裏的香港史中
佔有重要的地位，因為從小認識中國與香
港的第一個連繫就是李鄭屋古墓，遙遠的漢代
竟然在我們身邊留下痕跡。

大有可能是東漢官員的衣冠塚。奇怪的是，墓地一直沒有發現骸骨，究竟墓主是誰？時至今日，依然是個謎，所以我們稱呼古墓是「有蹟無史」之地，即是有遺蹟，而沒有歷史記載的地方。

時至 1957 年，李鄭屋古墓由市政局（Urban Council）接管[2]，改建成博物館，開放給公眾參觀，但墓室不對外開放，參觀人士可透過玻璃窺探。直至 1988 年，古墓被列為法定古蹟，展示香港古代文化的足跡。

---

2 市政局：前稱「潔淨局」(Sanitary Board)，1883 年成立，是香港最早民選議會，原本管理地方衛生，後來擁有獨立財政、土地使用權等決策權，直至 1935 年改稱市政局，期間增加民選議席，改善地方行政，貢獻良多。直至 1985 年，政府引入區議會選舉，使市政局成為立法局 (第一級) 與區議會 (第三級) 之間的第二級議會制度。1999 年，政府以「市政改革」為由「殺局」，市政局事務改由環境食物局（衛生）及民政事務局（康樂）接管，結束市政局百多年來的使命。

中國內地居民流亡香港

清代遷界以後[3]，美孚（Mei Foo）以南一帶開始建村，村落多建在沙灘以東，而沙灘地勢較長，故稱「長沙灣」。在長沙灣、深水埗一帶，陸陸續續建立超過二十條舊式村落，李屋村、黃屋村、鄭屋村、蘇屋村、田寮村、元洲村、馬龍坑村等等，部份土地例如黃屋村原屬鄧氏家族所擁有，居民向他們一年繳付一次租金，但是英國管治九龍後，情況大有不同。

1860年，英法聯軍之役結束，清朝戰敗，與英、法兩國簽訂《北京條約》，割讓九龍半島給英國。當時，清朝與太平天國的戰役尚未結束，數以萬計的人民逃亡香港，以求穩定生活，其中一部份到了深水埗居住。可是，他們不再向鄧氏家族交租，原因是九龍已由英國管治，他們只需向政府交稅，令鄧氏家族收入銳減。

1860年《北京條約》附例地圖，
在地圖上可見，由左邊的昂船
洲（Stonecutters Island）開始，
向右劃一虛線，成為今日的界
限街（Boundary Street），分
隔南北，北方屬清朝管治，南
方則屬英國殖民地管轄。

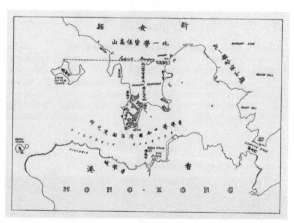

3　清代遷界：清兵入關後，一直追擊明代遺臣，其中包括鄭成功等人。鄭成功擊退台灣的荷蘭人後，據守台灣。滿清政府為了切斷接濟台灣的補給線，於是在順治十八年（1661）下令山東至廣東的沿海居民內遷五十里，直至康熙二十二年（1683）攻佔台灣為止。至於香港，因遷界令引致土地荒廢、生靈塗炭，清廷後來聽從兩廣總督周有德及廣東巡撫王來任的勸諫，提早在康熙八年（1669）復界，居民得以返回香港居住。

查考英國管治初期的深水埗，深水埗北部有三條村，東南方是田寮村，西方是菴由村，兩村都在 1920 年代清拆，後來分別延長成為田寮街及菴由街，1930 年代再改為福華街（Fuk Wa Street）及福榮街（Fuk Wing Street），而西北方就是馬龍坑村。深水埗有一條溪在元洲（今日的黃金商場）的東方，流向深水埗以北一帶，即是今日的南昌街渠，附近土地肥沃，適合農耕畜牧，居民養豬種菜等，運往墟市買賣。後來，元洲延長成為元州街（Un Chau Street），1969 年興建元州街政府廉租屋邨，再改建成今日的元州邨（Un Chau Estate）。

　　而李屋村、鄭屋村和蘇屋村在英國管治後，寮屋不斷增多，反映中國內地流亡來港的人有增無減，包括：八年抗戰、國共內戰後期等階段。加上戰亂後自然生育人口大幅提升（嬰兒潮），村內居民越來越多。石硤尾大火後，政府開始清拆深水埗的寮屋，興建公共房屋，安置災民，所以先清拆李屋村和鄭屋村，興建李鄭屋邨，隨後清拆蘇屋村，直至 1960 年公共屋邨落成為止。值得我們注意的是，政府為廉租屋邨命名時，不少是將「村」字改成「邨」字，如李鄭屋邨、蘇屋邨、元州邨等，只改一字，保留昔日名稱，成為我們今日耳熟能詳的名字。

1950 年代落成不久的李鄭屋邨第一座，李 ➡
鄭屋邨合共十九座，最初只用號碼顯示大
廈座數，後來才以忠孝、仁愛、信義、和
平等傳統美德命名。李鄭屋邨前方還有不
少尚未清拆的寮屋，建築質素參差，惡劣
的居住環境可想而知。

另外，今日香港的填海工程，全部需要經過政府審批才可進行。相反，百多年前的填海工程只需居民同意，例如：今日的北河街（Pei Ho Street）至桂林街（Kweilin Street），就是在居民的同意下，在 1911 年完成填海工程，其後興建房屋。而桂林街附近的鴨寮，原是一片窪地，政府在 1910 年填平當地，成為今日的鴨寮街（Apliu Street）。

神仙南來

　　人們在深水埗定居後，建廟奉祠，這些成為深水埗區昔日的主要建築，留下歷史足跡，其中的武帝廟、天后廟與三太子宮合稱「深水埗三大古廟」，為深水埗區的傳統信仰寫下重要一頁。

武帝廟

　　武帝廟，位於海壇街（Hai Tan Street）與界限街交界，原稱協天宮，又稱關帝廟，廟內供奉三國時期的關羽，是全港最大的關帝廟，也是九龍唯一

↑ 武帝廟，位於海壇街（Hai Tan Street）與界限街交界，原稱協天宮，又稱關帝廟。

筆之隨想：每次繪畫廟宇時，心靈總自自然然地平靜下來，可能是環境氛圍影響下的微妙變化，面對更複雜的細節總能一筆一筆地完成，且能感到前所未有的圓滿。

的關帝廟，被評為二級歷史建築。

關羽，字雲長，河東解縣人，為人重情重義，剛正不阿，在公元 219 年大敗曹軍，可惜後來被孫權軍隊偷襲後方，敗走麥城遇害。相傳關羽死後，英靈不滅，顯聖護民，受各方人士標榜，而有戰神、武聖、保護神等尊稱，明朝時更被封為「協天護國忠義大帝」，所以深水埗居民設廟供奉，原稱協天宮，確保天下太平。

武帝廟內設一銅鐘及祭壇，鑄有花紋雕飾，巧奪天工。查考銅鐘所記，武帝廟建於光緒十七年（1891），三年後獲得大鵬協官員、海外居民捐款重修，反映香港經常取得中外捐款的特色。武帝廟原是背山面海的地方，廟前有一座玉仙亭，可遠眺海景。1930 年代前後，政府填平後山，建立深水埗公立醫局（Sham Shui Po Public Dispensary）；前方填海造地，興建船廠，船隻得以停泊補給，方便起卸貨物。直至今天，深水埗的高樓大廈林立，武帝廟已身處在高樓大廈之中了。

武帝廟曾受白蟻侵蝕，在 2010 年斥資六百萬復修後，以《三國演義》的形象重塑關公像，添置青龍偃月刀、赤兔馬等，廟內更展示關羽畫像，以戰績彪炳的面目示人。

← 昔日的武帝廟，後方都是兩三層高的樓宇，前方已臨近海岸，附近設有船廠，反映深水埗的海岸線，今日的武帝廟已被高樓大廈包圍。

門樓有饒宗頤教授所題的「關帝廟」及「忠義千秋」額匾，別具一格。每年農曆五月十三日，為關羽兒子關平誕；農曆六月二十四日，為關帝誕，香火不絕。廟內除供奉武帝外，還供奉文昌、觀音、包公等神明，秉持公義。

天后廟

天后，又稱「媽祖」，原名林默娘，福建人。據稱能夠預知未來，助人起死回生，拯救遇溺的人，保祐百姓出海平安，於是漁民常常在海邊建廟、供奉天后，流傳媽祖在不同地方的故事，香港正是其中一個漁民聚居的地方。情況不同的是，香港經常填海造地，以致天后廟進入內陸，深水埗也有同樣情況，成為香港天后廟特色之一。

昔日的漁民出海前，都會祈求神明，以保風調雨順，深水埗的居民也不例外，於是在醫局街（Yee Kuk Street）興建天后廟。天后廟建於光緒二十七年（1901），並於1915及1990年重修，其中1915年的銅鐘距今超

深水埗天后廟 →

第一章・深水埗流亡錄

筆之隨想：天后廟
前就是主要的二
手電器交易地區，大大
小小的電器總堆滿路
旁，期待買家一批批地
帶回家鄉，彷彿傳承了
從前的廟前墟市。

過一百年，彌足珍貴。廟內也供奉太歲、觀音、包公等神明，作為旁神。天后誕為農曆三月二十三日，善信絡繹不絕。

深水埗天后廟的另一特色，是廟旁曾設公立醫局，醫局建於 1911 年。後來深水埗人口激增，診所有迫設需求，遷至今址，成為深水埔公立醫局，也是深水埗有不同寫法的力證。

三太子宮

三太子宮以台灣較多，乃供奉哪吒的廟宇，而香港只有一所，就是坐落於深水埗汝州街（Yu Chau Street）的三太子宮，現評為二級歷史建築，值得我們注意。究竟哪吒是何方神聖呢？

哪吒，陳塘關總兵李靖的三子，所以又稱「三太子」，是《封神演義》的神話人物。據稱李靖妻子懷孕三年，誕下哪吒。後來，哪吒誤殺東海龍王三太子，東海龍王至陳塘關興師問罪，於是哪吒自戕，割肉還母，削骨還父。太乙真人帶走哪吒靈魂，並收哪吒為徒，哪吒及後得道成仙。

光緒二十年（1894），香港爆發鼠疫。以打石為業的深水埗居民遠赴惠陽，請三太子神像出巡，撲滅鼠疫。四年後，居民感激三太子的功德，於是在汝州街建廟奉祀，以保家宅平安，成為香港唯一一間以哪吒為主神的廟宇。廟內的銅鐘刻有「光緒」字樣，是三太子宮的時代見證人。直至現在，三太子宮奉祀三太子外，又有觀音、包公、太歲等神靈。每年農曆三月十八日為三太子誕，三太子宮香火鼎盛，人山人海。

筆之隨想：三太子宮身處於大廈的狹縫中，
靜看兩旁的發展。外形上與附近建築有
差異，但於深水埗中卻出奇地和諧。

1860 年，清朝與英國簽訂《北京條約》，向英國割讓九龍半島，自此英軍在界限街駐守。直至 1898 年，清朝與英國簽訂《展拓香港界址專條》，英國租借界限街以北、深圳河（Sham Chun River）以南的地方，為期九十九年，將界限街的防線再向北移。原本深水埗只是一片尚未開發的地區，背向半山區，面向一片汪洋。後來，英國銳意發展「新九龍」（New Kowloon），開始扭轉深水埗的命運。

第二章

新九龍時期的深水埗

新九龍概念

　　1937 年，政府將界限街以北至獅子山以南約四十平方公里的土地（即今天的荔枝角至鯉魚門一帶），包括本文探討深水埗的範圍，稱為「新九龍」，以別於界限街以南的「舊九龍」，意味着不久將來會有新發展。可是，香港在 1941 年 12 月受到日本入侵，其後踏入「三年零八個月」的日治時期，更令「新九龍」的發展停滯不前。

　　香港重光後，「新九龍」飽受國共內戰、人口暴增等問題困擾，成為中國內地難民抵港後的暫居地。1953 年石硤尾大火，後來興建七層高的廉租屋。這場大火調整了難民的心態，難民原本只希望暫居香港，及後希望在香港落地生根，聚居在「新九龍」，而深水埗一帶更是廉租屋林立的見證，人們轉而用不同屋邨作為地方名稱，漸漸淡忘了「新九龍」的説法。到了 1968 年，政府將「新九龍」與「舊九龍」合併，使「新九龍」成為歷史名稱。

← 1961 年的香港地圖中，九龍有兩個名稱，一個是「新九龍」，另一個是「九龍」，直至 1968 年才統稱「九龍」。

深水埗碼頭

　　早在 19 世紀，深水埗已設有中國海關，海關卻不派官兵駐守，地區由深水埗街坊廟宇委員會管理，管理人員少，可見深水埗一直不獲官方重視。不久，深水埗以西地區增設碼頭，停泊大型船隻，也有小艇載人來往淺灘，交通便利，來往人士日漸頻繁。

　　英國管治香港以後，居民在界限街以西建造碼頭，希望能夠直接登岸，減少以小艇接駁的時間，獲得政府批准，促使深水埗碼頭（Sham Shui Po Ferry Pier）約在 1904 年落成。到了 1910 年代，政府填海，深水埗碼頭在 1924 年遷往通州街至北河街交界，逐漸變成九龍海上的交通樞紐，船隻在碼頭起卸貨物，來往中環及上環，是九龍前往香港島的主要途徑，人們熙來攘往，絡繹不絕。

　　直至 1978 年，碼頭受填海工程影響，而遷往欽州街（Yen Chow Street），逐漸遠離深水埗市中心。自 1970 年代起，海底隧道及鐵路相繼通車，中港碼頭啟用，使深水埗碼頭的乘客銳減。踏入 1990 年代，政府進行西九龍填海計劃，深水埗碼頭在 1992 年 6 月關閉，見證了深水埗沿岸在百多年來的變遷。

攝於戰後的深水埗碼頭。當時還未有海底隧道，渡輪就成為九龍區連接港島區的公共交通工具。不少居住在九龍的居民，都要排隊輪候上船，前往港島。

↑ 三角形建築「為群公寓」

筆之隨想：坐落於岔口的獨特建築，不難想像
當年的風光歲月。旅客乘船遠道而來總期待
着舒適被鋪，就在碼頭不遠處聳立着這耀眼的三角
形建築「為群公寓」，她見證了時代轉變……最後
亦被時代所改變。

深水埗軍營

　　1925年，省港大罷工一觸即發。英國為防波及上海租界，計劃從英國派遣軍隊來港，轉往上海駐守，以防引發衝突，於是在香港借用今日的半島酒店及拔萃男書院，作為軍營，直至深水埗軍營在1927年落成為止。

　　深水埗軍營大約在今日營盤街（Camp Street）的位置，所以日後有營盤街之稱。後來軍營擴建，北至東京街（Tonkin Street），南至欽州街，可見範圍龐大。軍營之內，分為英軍居住的漢口營房（Hankow Barracks）和印度籍軍人居住的南京營房（Nanking Barracks），由一百四十間的金字頂房屋組成，另建多座磚屋，作為衛兵室和儲存室。

↑ 攝於1930年代的相片，馬路是填海而來的荔枝角道，圖左金字頂的建築物就是深水埗軍營，現已改建成麗閣邨和怡閣苑；圖右是深水埗警署，現在仍大概保留原貌。

1938 年，政府為了興建深水埗區民房，將深水埗軍營的軍人與家眷，遷往粉嶺。1941 年 11 月，為防日本入侵，香港駐防人員增加，為數二千人的加拿大兵團進駐軍營，超過五百人在抗日時英勇犧牲。香港淪陷後，深水埗警署改成戰俘營指揮部，軍營也改成集中營，囚禁超過七千人，其中英國人多逾半數，包括：港大生物學主任賴廉士、英軍服務團等等，餘者有加拿大兵、印度兵等，內裏糧食不足，衛生惡劣。香港淪陷不足一年，數百名戰俘在集中營內死亡，環境不堪設想。

香港重光後，集中營重新改作兵營。1960 年代，長沙灣填海，陸軍水運部碼頭改為長沙灣屠房，工程器材供應庫改為長沙灣魚類批發市場及副食品批發市場，縮減軍營範圍，直至軍營 1977 年關閉為止。

1979 年，越南難民抵港，香港後來成為「第一收容港」，接收越南難民。政府將軍營改為難民營，難民營居住多達七千人，引發多次騷亂，政府決定在 1989 年關閉難民營，並將難民遷往沙田白石營。原址陸續改建成今日的麗閣邨、怡閣苑、深水埗公園和西九龍中心，作為居住、休憩和購物場所。

軍營遺蹟

　　雖然深水埗軍營現已清拆，但是仍有碩果僅存的遺蹟，路人或未為意，就是三塊軍部地界界石，保留在深水埗公園對出的巴士站外。從軍部地界界石的位置，我們可以掌握軍營的範圍。

← 左圖是軍部地界界石，位於荔枝角道的深水埗公園內，與旁邊的巴士站相隔不遠。有不少等候巴士的人坐在這裏，還以為是一張石製椅子呢！

　　據現存界石所刻，有英文及符號刻在界石之上，需要逐一解說，例如：最高處的箭嘴即 Broad Arrow，意指政府公物；M.O.D. 全寫是 Ministry of Defence，意指國防部；B.S. NO10，全寫是 Boundary Stone，意指第十塊界石，即軍營原本應有十塊或以上的界石，但在深水埗公園之內，只餘下三塊；軍部地界意指軍營範圍，可見界石的意義所在。

　　另外，深水埗公園內有兩塊第二次世界大戰的軍人紀念碑，一塊由加拿大駐港退伍軍人協會（Hong Kong Verterans Association of Canada）所記，紀

念抗日殉難士兵；另一塊由香港戰俘聯會（The Hong Kong Prisoners of War Association）所記，紀念戰俘營內備受折磨的殉難者，標誌着香港可歌可泣的抗日史蹟。

香港戰俘聯會安放的紀念碑，紀念二次大戰時犧牲的戰俘，後於 1989 年 8 月 26 日，在紀念碑旁植樹，以茲紀念。

加拿大駐港退伍軍人協會安放的紀念碑，紀念二次大戰時犧牲的加拿大軍人，後於 1991 年 12 月 5 日，在紀念碑旁邊種植楓樹兩株，以作紀念。

⬆ 界限街與荔枝角道十字路口

筆之隨想：這界限街與荔枝角道十字路口有着不同的形狀的建築，有三角有圓弧亦有方，趣味就藏於街角中。

深水埗警署

　　最早的深水埗警署位於北河街與桂林街交界，可追溯至臨近海旁的船政司辦事處，用來維持陸上與海上治安。深水埗填海後，深水埗警署建在荔枝角道及欽州街交界，鄰近深水埗軍營，並於 1925 年落成，歷史悠久，管轄範圍一度伸延至荃灣，反映深水埗區的管治角色日益重要。

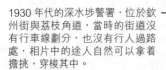
1930 年代的深水埗警署，位於欽州街與荔枝角道，當時的街道沒有行車線劃分，也沒有行人過路處，相片中的途人自然可以拿着擔挑，穿梭其中。

　　深水埗警署樓高三層，分成五座，建築物帶有殖民地色彩，走廊寬敞，空氣流通，是昔日恆溫的主要設施。樓頂以金字瓦頂建成，設有煙囪、圓柱門廊及圓形拱門，是中西合璧典型的建築方式。香港淪陷前，深水埗警署被徵用為軍營，抵禦敵軍，淪陷後被日本改成戰俘營指揮部，重光後再用作警署，直至今日。深水埗警署現在被評為二級歷史建築，見證深水埗的變遷。

↑ 深水埗警署

筆之隨想：英國殖民地典型的新古典主義建築總是
惹人注目，若要選最佳角度欣賞這建築物，我心
目中就是這對角位置，不論建築外形與裝飾細節都能
看得一清二楚。

雷生春

1929年，雷氏家族向政府購入荔枝角道的地皮，邀請外國建築師布爾（W. H. Bourne）興建雷生春大樓，大樓於兩年後落成，樓高四層，採用「下舖上居」的方式，樓上三層是住所，地下一層是跌打藥館，藥館以「雷生春」命名，據悉出自一副對聯：「雷雨功深揚灑露，生民仰望藥回春」，可惜對聯已散佚，大有雷氏家族妙手回春之意。頂層外牆嵌有「雷生春」寶號的石匾，名稱沿用至今。

雷生春大樓建築風格古樸，寬闊而貫通的露台是一貫戰前的中式建築，保持空氣流通，是舊式建築典型的恆溫方式。另外，建築物以一連串的橫線設計作為欄杆裝飾，是西方典型的設計方法，反映雷生春大樓糅合中西建築風格，而屋頂插上旗杆，凸顯雄偉的氣勢，風格別樹一幟。

建於1930年代的雷生春大樓，露台寬闊， →
既為室內保持空氣流通，又為行人遮風擋
雨，是雷生春建築的一大特色。

筆之隨想：雷生春這活化項目，一直都有其指標性。
身為本港最後三幢戰前弧形轉角唐樓之一，雷生春
的前景已相對另外兩棟（青山道 301 及 303 號和汝州
街 269 及 271 號）明朗。

雷氏家族其中一人名叫雷亮（原名雷鴻維），雷亮是一名中醫師，兼習跌打，藥品遠近馳名，有口皆碑。不幸的是，雷亮在 1944 年逝世，雷生春亦於數年後結業，雷氏後人相繼遷出大樓，大樓後來變成商住用途。

　　踏入 21 世紀，雷氏家族後人將雷生春大樓捐贈政府，雷生春大樓得以保育發展。雷生春大樓現被評為一級歷史建築，是現存少數可以舖居的地方，也是香港著名家族發展的見證。雷生春大樓現已改建為「香港浸會大學中醫藥學院－雷生春堂」，一至三樓是中醫診所，地面則是涼茶館及展示區，免費開放，有興趣人士可以前往參觀。

↑ 雷生春大樓

深水埔公立醫局

如第一章所説，深水埗又名深水埔，深水埔公立醫局就是一個典型例子。而公立醫局全名是華人公立醫局，是醫治華人為主的診症中心，工作繁多，包括：接種牛痘、處理棄屍等。深水埔公立醫局位於醫局街，樓高兩層，主要以 20 世紀西式現代建築而成，廊柱以垂直線條展現眼前，柱頂亦有浮雕花飾，一樓為休息室，設有陽台，保持空氣流通，光線充足。地下為詢問處、診症室及辦公室，現在被評為二級歷史建築。

深水埗居民原以農業及漁業為主，踏入 20 世紀，人們從中國內地遷入深水埗，人口急升，深水埗醫療設備不足，所以在 1911 年在深水埗天后廟內設醫局，是為深水埔公立醫局的前身，醫局街也因而命名。後來醫局不敷應用，幸而獲得人稱「深水埗皇帝」的商人黃耀東資助，在 1930 年代遷至現址，由深水埔街坊福利會管理，不足五年，醫局新症已多達三萬宗，可見當時深水埗人口之多，衛生情況堪憂。

第二次世界大戰後，深水埔公立醫局日間是診所，主要診治肺癆，晚間搖身一變，成為街坊福利會，反映醫局是深水埗的多用途社區中心。醫局以往臨近海邊，而且收費低廉，是不少低下階層人士求診的選擇。自 1972 年開始，醫局改為美沙酮診所，現由醫療輔助隊管理，為戒毒人士提供服務。

1920 年代興建的深水埔公立醫局 ➜

筆之隨想：坐落於醫局街的一幢三層騎樓式戰前唐樓特別吸引我注意，翻查歷史發現這建築六十至七十年代時曾是藤器傢俬店，之後整幢售予相架師傅孫氏，地下是店舖，樓上出租。為了宣傳，孫氏特意請了一位書法家在唐樓白色外牆上寫滿「一平畫架」，充滿特色。

← ↑ 坐落於醫局街 170 號的「一平畫架」。

筆之隨想：還記得
這畫是等待朋友
的 15 分鐘內完成，
快速勾勒出建築外形
並加上陰影，配上原
有吸睛的紅綠二色，
「一平畫架」就這樣
草草記錄下來。

嘉頓與嘉頓山

　　1926 年，張子芳與表兄黃華岳留意到香港對西餅及餅乾的需求日增，於是相約在香港動植物公園討論開設麵包店的大計，並於 11 月 26 日在荔枝角道開設嘉頓有限公司（The Garden Company Limited），英文名「Garden」正源自香港動植物公園，粵語音譯「嘉頓」。嘉頓公司生產各式各樣的麵包、餅乾及蛋糕，後曾把零售及批發部遷至鴨寮街，直至 1935 年，以一萬港幣購入青山道地皮，並於 1938 年遷至上址。

　　八年抗戰期間，嘉頓曾為香港政府生產軍用餅乾，連續七天無間斷生產九萬公斤的「抗日勞軍餅」，聲譽日隆。後被日軍佔用，原料及製成品被搜掠一空，機器遭破壞，生產停頓。直至香港重光後恢復生產，擴大工場面積，並從英國引進自動製餅乾機，日產五千公斤以上，從而為香港海陸空三軍供應麵包及餅乾。1956 年，香港爆發「雙十事件」，大批支持國民黨的人士與警方在深水埗等地爆發衝突，廠房受破壞而停產三個月。兩年後，大廈加建至七層，方便營運。

圖中是改建後的嘉頓麵包公　→
司。頂部的鐘樓清晰可見，
成為深水埗的地標之一。

↑ 嘉頓麵包公司

　　1960 年，張子芳延聘專家，在麵包中加入維他命及礦物質，成為今日街知巷聞的「生命麵包」，後來其他著名食品包括：雪芳蛋糕、香葱薄餅、梳打餅等。1962 年，張子芳在深井開設新廠房，增加生產，部份產品更遠銷海外。1980 年代，嘉頓在東莞及揚州等地設廠。2004 年 2 月，張子芳逝世，享年 93 歲。2017 年 7 月，嘉頓向城規會申請，將大樓改為商業用途，改建一座二十五層高的商業大廈。次年 3 月，古諮會將其大樓評為二級歷史建築。

　　嘉頓山（Garden Hill），原稱喃嘸山，約高九十米，因為山下的嘉頓麵包公司，而有「嘉頓山」這約定俗成的稱呼。人們沿着晨運徑步上嘉頓山，約十五分鐘便可步上山頂，可以俯瞰深水埗的景色，尤其是夜景，十分迷人，成為不少電影的拍攝場地呢！

筆者拾級而上，在嘉頓山上俯瞰深水埗的美景時攝。圖中的左下方，正是嘉頓麵包公司，右下角則是昔日北九龍裁判法院的所在地。

↑ 嘉頓山俯瞰

筆之隨想：要欣賞嘉頓與嘉頓山有兩個角度絕對不能錯過，分別是青山道上與嘉頓山上，角度一高一低，皆可感受到這六十多年的歷史建築與社區密不可分的關係。

寶血女修院

　　1922 年，部份嘉諾撒修會的修女銳意獨立發展，籌辦香港第一個本地女修會，稱為「中華耶穌寶血女修會」，又稱「寶血女修會」，以譚加辣修女為首任會長。

　　寶血女修會草創之初位於西灣河，後來在深水埗收養棄嬰與孤兒，將他們撫養成人。1929 年 6 月 27 日，寶血女修會在元洲街 86 號建立修院，作為永久會址，由恩理覺主教祝聖。7 月 29 日，教廷頒令寶血女修會成為香港本地修會，其後母院亦得以擴充，成為今日的大概外觀。時至今日，雖然寶血女修院不會對外開放，但絕對無損修院對深水埗的貢獻。

↑ 1920 年代落成的寶血女修院，在深水埗建樹良多，除了本文談及的寶血醫院外，還有德貞幼稚園、德貞小學、德貞女子中學等，提供「一條龍」的教育服務，實在功不可沒。

↑ 寶血女修院

筆之隨想：寶血女修院的新古典建築風格，外形像座堡壘一樣典雅美觀，她的美足以令你為她放慢腳步細看。

寶血醫院

由於重男輕女的傳統觀念根深蒂固，導致深水埗女孤兒和病童日漸增多，寶血女修會在 1931 年設立育嬰堂，附設嬰兒醫院，成為香港第一所兒童醫院。醫院有門診部及藥房，提供免費的醫療服務，贈醫施藥，五年間治療超過八千三百個嬰兒，數目驚人。眼見醫療人數眾多，所以籌建中華寶血醫院（俗稱寶血醫院），拓展醫療服務。

寶血醫院委員會為寶血醫院籌募建築經費，起初只籌得 33,184 元，與 60,000 元的目標相距甚遠。幸有謝容光、余婷芳等人組織值理會的幫助，而且謝容光願意向醫院無息貸款，寶血醫院終在 1936 年展開興建工程，籌款過程的辛酸可想而知。

↑ 攝於寶血醫院舊翼的捐建善長芳名紀念碑，立於 1937 年。衷心感謝一眾寶血醫院職員的協助，才得以獲取其中資料。

1937 年 7 月，寶血醫院成立，除了接收棄嬰之外，還設有成人免費病房，照顧貧苦大眾。1941 年 12 月，太平洋戰爭爆發，寶血醫院在資源不足、人手

有限的情況下，也曾參與醫療護助隊，醫治傷病患者。後來，寶血醫院受到轟炸，又被日軍改作為軍用醫院，只能以僅有資源添置醫療用品，作為臨時收容所，照顧戰亂中的傷者，服務大受掣肘。

香港自 1940 年代後期，受到國共內戰影響，人口暴增，醫療系統不勝負荷。寶血醫院在 1966 年籌備擴建樓高七層的醫院新翼，後來命名為「喬治華盛頓新翼」，又向美國福利處申請資助，在美國的遠東難民計劃、美國天主教福利會和社會熱心人士的捐助下，籌得約四百萬元，餘下款項由寶血女修會支付，並於 1975 年 1 月 1 日正式啟用，紓緩香港醫療系統的壓力。

1990 年代後，寶血女修會不少修女已達退休年齡，為免寶血醫院缺乏人手管理，所以在 1993 年 4 月 1 日交出寶血醫院管理權。寶血醫院改由明愛負責，易名為「寶血醫院（明愛）」，延續濟世為懷的使命。

第三章

二次大戰後的深水埗

國共內戰後的寮屋

國共內戰後期，大量中國難民來港，以為不久將來便會重返內地，自然抱着過客心態，於是數以十萬計的難民棲身在木屋區。木屋區又稱「寮屋區」，木屋以木材及鐵皮搭建而成，價格便宜，是香港寮屋大量興建的原因。以深水埗為例，寮屋依山而建，在 1950 年代初隨處可見，但是危機四伏，人們的生命財產容易受到威脅。

由於寮屋遍佈深水埗，木屋密度極高，加上香港踏入秋天以後，風高物燥，寮屋多以木條建成，居民又以柴枝、紙板、火水煮食，並以火水燈照明，一不小心，火災一觸即發。

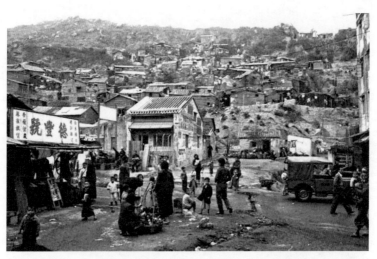

↑ 1950 年代以後的深水埗木屋區，在窩仔山、嘉頓山等附近建成，人口稠密，安全意識不足，處處隱藏着不同程度的危機。

石硤尾大火

　　一談及火災，長者多會談及石硤尾大火，原因是令數以萬計的居民無家可歸。事發在 1953 年 12 月 24 日晚上約 9 時 15 分，有人在白田上村打翻了一盞火水燈，先引發火災，其後一發不可收拾，只是四十分鐘，便已燒燬整個白田上、下村。晚上 11 時火勢最為猛烈，火光熊熊，波及石硤尾上、下村和窩仔上、下村，六條村七千間以上房屋焚燬，包括今日的李鄭屋邨、白田邨等地方，範圍廣大。港九消防員幾近全部出動，英國陸軍及空軍、民安隊及女童軍也前往救援，大火直至凌晨 3 時才被救熄。火災導致三人喪生，六人留院，四十五人受輕傷，五萬八千人以上無家可歸。

　　火災後，港督葛量洪及輔政司柏立基到災場視察，並成立救濟會，何東爵士及胡文虎各捐一萬元。當時一萬元並非小數目，足以在香港市區購買兩個單位。而中國大陸災胞救濟總會（簡稱救總）也從台灣電匯港幣五萬元，救濟災民。政府則以每天五萬元鉅款，總計一千六百萬港元，在災區派飯及救濟物品，積極處理善後工作。

圖中是石硤尾大火災後的情況，山下原是寮屋區的地方，在火災後變成一片頹垣敗瓦。

包寧平房

　　石硤尾大火發生四日後，政府迅速清理災場，安置無家可歸的災民，隨即命令工務局策劃興建臨時房屋，並要求市政局組織緊急小組委員會，積極解決火災後的難題。興建一座座兩層高的平房，不用打樁，預計在三個月內建成一千四百多間平房，以後每一個月再建成二千間，為災民提供棲身之所。

　　1954 年 2 月，即發生石硤尾大火後的兩個月，工務局已經在石硤尾火災現場，落成一座座兩層高的臨時房屋，安置災民，並以當時的工務局局長命名，稱為「包寧平房」（Bowring Bungalows），成為香港第一代的公營房屋。單位只有十尺乘十五尺（英尺，下同），可供一家四口居住，與其他住戶共用廚廁，災民終於「有瓦遮頭」了。直至 7 月為止，政府興建了二百多座「包寧平房」，合共八千多個單位，即是平均約十三天建成一座。以當時的建築技術而言，的確是速度驚人。

　　1954 年 4 月，市政局緊急小組委員會提交報告，報告建議政府興建七層高的徙置大廈，為災民提供容身之所，並成立徙置事務處，處理相關事宜。

政府採納建議，並於同年落成第一批合共八座的徙置大廈，而「包寧平房」完成應急的使命後，便陸續清拆。

← 圖中左邊兩層高的房屋就是包寧平房，附近設備簡陋，行人眾多，衣着簡樸，其中艱苦的生活可想而知。

徙置區、廉租屋

　　石硤尾大火是香港房屋發展的轉捩點，改變香港房屋的結構。1954 年，政府將現時的石硤尾邨一帶劃為「徙置區」（Resettlement Area），興建一座座「H」型的七層大廈，樓宇兩邊是住宅，每個單位約有一百二十尺，但是沒有接駁水電，沒有獨立廁所，中間是公共浴室，供居民使用，成為石硤尾邨第一期的大廈。

　　1954 年，政府興建八座徙置大廈後，次年再興建二十一座徙置大廈，奠定香港公共房屋的雛形，日後在各區興建的徙置大廈，就是以石硤尾邨為藍本。1961 年，工務局公佈「廉租屋計劃」（Government Low Cost Housing Scheme），顧名思義，就是政府以廉價的租金，向基層人士提供房屋。政府先在大坑西街與南昌街交界，興建偉智街政府廉租屋邨，並於三年後落成，每兩個單位設一廁所，逐漸改變公共浴室的模式。

　　1973 年，香港房屋委員會成立，管理所有徙置大廈及廉租屋大廈，重新編制大廈座號，確立香港公共房屋發展的方向。其後，政府逐漸清拆舊式徙置大廈，原址重建更高、容納更多住戶的公共房屋。直至 2020 年為止，徙置大廈只餘下石籬邨的第十座及第十一座尚未清拆。

筆之隨想：之前曾經提及過本人特別鍾情
舊樓的美，喜歡她們的生活痕跡、每寸
風霜都是獨一無二。招牌、窗框、天線都令她
充滿個性，引發出我對她們過往的種種聯想，
從此我對大街小巷充滿期待。

美荷樓

　　美荷樓（Mei Ho House）建於 1954 年，是最早期的徙置大廈，原稱「H」座，1973 年改稱 15 座，1981 年改建獨立廚房及廁所後，再改稱 41 座，又稱「美荷樓」，現被評為二級歷史建築。

← 自 1950 年代起，美荷樓在每年雙十節前都會懸掛巨大的雙十掛飾、孫中山先生及蔣介石的畫像。整個徙置區掛滿青天白日旗，旗海飄揚，間接引發 1956 年的「雙十事件」。

　　時至 21 世紀，石硤尾邨陸續清拆，美荷樓也在 2005 年關閉。政府保留結構較為完整的美荷樓，又以《活化歷史建築夥伴計劃》的名義，將美荷樓改建為青年旅舍和美荷樓生活館，旅舍加裝升降機等設施，生活館將四個住宅單位活化成展覽廳，在 2013 年竣工，參觀人士可了解當時的生活情況。

↑ 今日美荷樓（Mei Ho House）

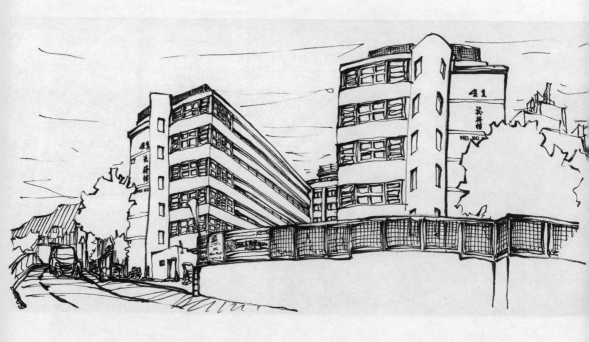

筆之隨想：位於斜坡上的美荷樓，門前只有一條上行車路，雖然地方較狹窄，但希望令構圖更充實，所以特意選擇這位置作畫。

石硤尾邨

　　石硤尾邨（Shek Kip Mei Estate）在 1954 年落成，是香港第一座徙置大廈，也是第一批公共屋邨，接替「包寧平房」的工作，安置石硤尾大火的災民。1973 年開始重建，直至 2007 年 6 月，除了美荷樓外，石硤尾邨的徙置大廈已全部拆卸。

　　市政局成立的「徙置事務緊急小組委員會」，建議政府興建徙置大廈。1954 年 4 月，政府設立徙置專員，6 月成立徙置事務處，並在聯合國撥款下，興建第一批 A 至 H 座的徙置大廈。

← 相片後方是剛落成不久的石硤尾邨，右方是尚未清拆的包寧平房，左方是清拆包寧平房後，再建成石硤尾邨的地盤。

↑ 石硤尾邨（Shek Kip Mei Estate）

筆之隨想：石硤尾邨裏有不少有趣角
度，但辨識度較高的相信就是南昌
街兩旁的位置。街市上的休憩平台是長
幼街坊活動的好地方，於平台欣賞日落
晚霞亦別有一番味道。

石硤尾街市

　　1979 年，石硤尾街市（Shek Kip Mei Market）落成於石硤尾商場內，商場位於石硤尾邨第十九座及第二十座之下。石硤尾街市除了一般的檔攤外，還設有熟食檔，與地下商舖包括：酒樓、餐廳等相連而成，商舖多達四百多個，貨品一應俱全。

← 石硤尾邨與石硤尾商場。時至今日，香港很少公共屋邨只以數字顯示座數，石硤尾邨是其中之一。

筆之隨想：香港傳統屋邨街市日漸式微，不知不覺間被新式管理的街市取代。傳統街市的整潔程度可能遠不及新街市，但若論趣味程度，傳統屋邨街市往往會給大家驚喜。還記得小時候的生物第一課並不是於學校進行，而是媽媽於街市為我講解。

大坑西新邨

　　大坑西新邨（Tai Hang Sai Estate），一塊約有二十二萬平方尺的土地，興建八座大廈，除民泰樓外，其他七座都在 1965 年落成，每個單位約有二百多平方尺。大坑西新邨不同於香港公共屋邨，不是由香港房屋委員會管理，而是由香港平民屋宇有限公司管理（Hong Kong Settlers Housing Corporation Limited）。

　　1953 年的石硤尾大火時，燒燬了大坑西新邨現址的光民村，於是政府廉價批出這塊土地給香港平民屋宇有限公司，興建大坑西邨。平民屋宇有限公司以「興強順利，康樂安泰」為口號，以廉價將房屋租給原址居民，口號也成為日後大坑西新邨每一座樓宇的名稱。

　　由於民泰樓受地鐵工程影響，直至 1980 年才落成，次年入伙。2020 年的施政報告中，公佈平民屋宇有限公司和市區重建局合作，展開重建計劃，大坑西新邨的地皮日後或會改頭換面，以另一面貌示人。

筆之隨想：還記得那天下着毛毛細雨，我躲於透明的輕便
雨衣下，在空空的停車位中作畫，身後忽然傳來一沉厚
的聲音，窩心地提醒我小心車輛並建議我回到行人路上……
記作畫逸事一則。

雙十事件

調景嶺有「小台灣」之稱，而深水埗就有「小調景嶺」之稱。原因是從 1950 年代起，調景嶺和深水埗都是遍佈「青天白日旗」的地方，每逢「雙十節」，更是旗海飄揚，人們都會到深水埗等地湊熱鬧，欣賞旗海。1956 年的雙十事件（又稱「雙十騷亂」），正是由一面「青天白日旗」而起。

國共內戰後期，大量難民從內地來到香港，直至 1950 年，香港人口已突破 250 萬，不少人離開內地後，產生思鄉愁緒，於是在每年的 10 月 10 日前後數天，都會在街上和居所懸掛青天白日旗。直至 1956 年 10 月初，徙置事務委員會作風丕變，表明徙置區不得再張貼旗幟或裝飾。10 月 10 日雙十節早上，徙置事務處職員拆除李鄭屋徙置區懸掛的青天白日旗，以及雙十徽牌。下午時分，數以百計的民眾追打兩名徙置事務處職員，並要求職員登報道歉，被拒絕後與防暴隊對峙，防暴隊施放催淚彈，驅散民眾。

翌日早上，民眾再次聚集，在嘉頓廠房外與警方對峙。民眾堵路，持有青天白日滿地紅旗者，始獲放行。下午，瑞士駐港副領事兼參贊恩斯特（Fritz Ernst）及夫人乘坐的士經過大埔道時，的士被民眾縱火，副領事重傷，其夫人不幸逝世，警方開槍殺死八名民眾，拘捕七人。輔政司戴維德代理休假的港督葛量洪主持會議，調動駐港英軍在九龍佈防。時至黃昏，民眾衝擊警察防線，並向警察擲石，一度衝擊嘉頓廠房，防暴隊再次施放催淚彈驅散，封鎖街道。政府在 7 時 30 分宣佈戒嚴，將戒嚴令延長至 10 月 14 日上午 10 時為止，渡輪及火車停駛，是為香港首次戒嚴。直至 10 月 12 日為止，警方在全港拘捕超過六千人，雙十騷動平息，事件釀成接近六十人死亡，超過三百人受傷。

↑ 雙十事件期間，美荷樓外牆掛上雙十字眼，慶祝雙十節，內外的人與防暴隊對峙，氣氛緊張。

後來，政府將雙十事件寫成《九龍及荃灣暴動報告書》，並於 1956 年 12 月，由港督葛量洪送至殖民地部大臣，指出雙十事件由支持國民黨政府及三合會成員所引發，並無預謀，也沒有鮮明的政治目的，而且事件集中在九龍北部，沒有擴散至香港島，事件得以在數日內平息。

← 1956 年，政府寫成《九龍及荃灣暴動報告書》，送呈殖民地部大臣，後來在市面發售，每冊四元。

主教山及配水庫

有關深水埗歷史在 2021 年的熱話，非主教山配水庫（Bishop Hill Fresh Water Break Pressure Tank）莫屬。原因是在 2020 年 12 月，政府清拆主教山配水庫的事件，率先在網上曝光，引發市民關注，加上區議員及保育團體努力下，令政府暫停清拆工程。後來，古物古蹟辦事處人員前往現場評估，並於 2021 年 3 月，將主教山配水庫列入香港一級歷史建築。

主教山，又稱窩仔山。因山上有凹陷的地形，形成一個窩形，故有此稱。至於主教山命名的原因，眾說紛紜，有認為是山下的天主教堂，又有認為是來自基督教會，有待確定。

主教山配水庫，前稱九龍塘儲水庫，又稱窩仔山蓄水池，由政府工程師設計，約在 1904 年落成。由於市區難以找到合適土地，政府以約六萬元將蓄水池建於山頂，以古羅馬式建築落成，其中的拱門設計，別樹一幟，並以一百根麻石柱及紅磚拱門支撐缸頂，是九龍供水系統的一大起源。

由於主教山蓄水庫建築年代久遠，或會影響安全，政府決定在 1997 年停用，荒廢超過二十年。無可否認，這種建設在香港甚為罕見，具有一定的歷史價值，是香港建築史上一項重要建設。

↑ 主教山配水庫結構（一）

↑ 主教山配水庫結構（二）（97-99 頁圖片授權：香港遺美）

筆之隨想：夢幻的古蹟與行動力
極高的民間組織發起了這一次
古蹟拯救行動。

聖方濟各堂

聖方濟各堂（St. Francis of Assisi Church）的歷史，最早可以追溯至 1860 年代，在九龍城海旁建立傳教站。1869 年，天主教會在九龍城興建一座小堂，紀念 16 世紀到東南亞傳教的耶穌會士聖方濟各沙勿略，因而命名為「聖方濟各沙勿略堂」。

1930 年，政府擴建啟德機場，向天主教會提出換地，天主教會將土地用來興建聖堂、學校及宿舍，期間不斷籌款。捐款人之一的甘曼斯（Gomes），為了紀念先人，將教堂改名為「聖五傷方濟各堂」。不幸的是，教堂被日軍在 1943 年 9 月拆卸。

1954 年，政府撥地給天主教會，興建教堂，天主教會沿用「聖五傷方濟各堂」的名稱。次年 3 月 25 日，白英奇主教主持奠基禮，教堂於 12 月 24 日啟用，接管深水埗寶血堂。1966 年，教堂改名為「聖方濟各堂」。

↑ 聖方濟各堂與聖方濟各英文小學的外觀，前廳左右兩邊都設有螺旋式樓梯，是教堂的一大特色。

↑ 坐落在石硤尾街上的聖方濟各英文小學

筆之隨想：落成於 1956 年的聖方濟各堂，在石硤尾街上就是注目，無論從哪個角度細看都不禁對她背景及故事好奇，所以這次特意從行人天橋及街道細看她的美態。

北九龍裁判法院

　　北九龍裁判法院（North Kowloon Magistracy）位於大埔道，建於 1960 年，前稱北九龍裁判司署，2009 年評為二級歷史建築。門外兩條樓梯由地下分成左右兩邊，再從左右兩邊步入法院，形成一個六角形。昔日不少電影和電視劇在法院門外拍攝，訴訟雙方在裁決以後，各走一邊樓梯，在法庭門外相見，顯示雙方立場各有不同，增強雙方水火不容的戲劇效果。法院運作至 2005 年 1 月關閉。

↑ 前北九龍裁判院，法院以西方古典設計建成，以灰色外牆為主，充滿殖民地時代建築特色。

筆之隨想：北九龍裁判法院的美不僅在於外形莊嚴，其一絲不苟的細節也值得細心欣賞，建議大家由遠到近去選擇最有感覺的地方作記錄。

2008 年，北九龍裁判法院成為首批活化歷史建築夥伴計劃的七座建築物之一。次年由美國薩凡納藝術設計學院獲得營辦權，提供專上學位，並以超過一億元活化建築，於 2010 年 9 月啟用。直至 2020 年 6 月，學院決定停止營運，將校舍交還發展局。政府將法院納入第六期活化計劃，期待日後能夠將法院的歷史重現眼前。

薩凡納藝術設計大學

　　薩凡納藝術設計大學（Savannah College Arts and Design，簡稱 SCAD）在 1978 年成立，是美國一所頒發美術與設計學位的私立大學，原本有四個校區：美國喬治亞州薩凡納、美國喬治亞州阿特蘭大、法國拉克斯特及香港，而香港校區的位置是前北九龍裁判法院。

　　2009 年，薩凡納藝術設計大學投得北九龍裁判法院的使用權，並於次年使用。礙於學校未經行政長官會同行政會議批准，不能使用「大學」稱呼，所以在香港稱為「學院」，但依舊由美國頒發大學學位，包括：廣告、動畫、攝影、視覺效果等課程。

　　可惜的是，薩凡納藝術設計大學在 2020 年宣佈，由於虧損三點二億港元，在 6 月 1 日起停辦香港分校，並將校舍交還發展局，學生可以前往美國院校就讀，完成學業。

欽州街臨時小販市場

　　欽州街臨時小販市場（Yen Chow Street Hawker Bazaar），人稱「棚仔」，由鐵皮及塑膠帆布搭建而成。自 1978 年起，政府將欽州街附近的小販遷至市場之內，一直營運，扎根深水埗四十多年。

　　欽州街臨時小販市場全盛期多達 200 檔商戶。自 2005 年起，政府向攤販宣佈收回土地，布販拒絕，事件僵持近年，政府暫緩行動。十年後，政府再宣佈清拆「棚仔」，部份小販成立棚仔關注組，要求不遷不拆，雙方關係一直僵持，政府暫未清拆「棚仔」，部份小販繼續留守，使「棚仔」一直保留至今。

↑ 欽州街臨時小販市場是布料的集中地，以價廉物美、款式多元見稱，深受各界喜愛。

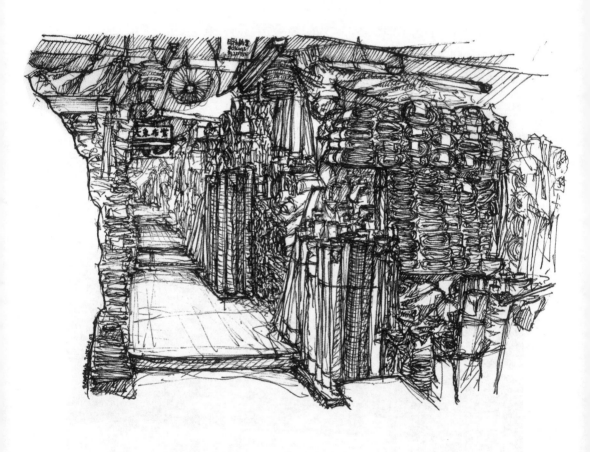

筆之隨想：面積不大但寶藏處處，店主對客人
問題的用心解答令這地方更見可愛，只要細
心搜尋必定可找到理想布料。

僑校與新亞書院

國共內戰後期，中國內地的人逃難來港，部份知識分子創辦大專院校，並向台灣的教育部申請立案，頒授民國年號的畢業證書，這些大專院校又稱「僑校」。「僑校」礙於香港教育法例，不能以大學或學院命名，只能以書院命名，例如：1947 年在廣州創辦的珠海大學，遷港後改稱「珠海書院」。

而深水埗交通方便，加上租金便宜，不少知識分子在深水埗創辦僑校，例如：陳樹渠創辦香江書院、陳炳權創校廣大書院、錢穆創辦新亞書院（New Asia College）等。問題是：大專院校可以稱為「書院」，中學又可以稱為「書院」，人們容易混淆。

當時的僑校已有「一條龍學校」，即是一個學生在同一個教育團體營運的學校讀書，免除轉換學校的煩惱。與現在不同的是，現在的學校是小學升中學「接龍」，僑校是中學升大專「接龍」。而深水埗區內有陳樹渠的香江中學，與香江書院「接龍」，還有佛教英文書院與能仁書院「接龍」，確保收生充足，都是昔日僑校的特色。

← 位於桂林街的新亞書院，旨於傳承中華文化，教導莘莘學子，間接為香港解決學生升學的難題。

新亞書院的前身是亞洲文商學院，由錢穆、謝幼偉、崔書琴及吳文暉創辦，先借用偉晴街的華南中學為校址，後來遷至桂林街，只餘下錢穆一人。錢穆於是與唐君毅、張丕介等人在資源匱乏的情況下，創辦新亞書院。他們如新亞書院校歌歌詞所說，背負着「千斤擔子兩肩挑」的精神，招收到余英時、唐端正、列航飛等學生，傳承中華文化。

　　1954 年 5 月，雅禮協會（Yale in China Association）資助新亞書院，其他機構包括：福特基金會（Ford Foundation）、哈佛燕京社（Harvard-Yenching Institute）等也開始資助新亞書院，新亞研究所得以成立，開辦碩士學位課程，為大專學生提供深造的機會。後來，新亞書院遷往農圃道（Farm Road），1959 年成為香港專上學院，1963 年與崇基書院和聯合書院組成「香港中文大學」（The Chinese University），與香港大學成為香港當時的兩間大學。

新亞書院礙於香港法例，不得自稱「大學」，但是未　➜
嘗屈服，在門外寫上「新亞書院大學部」，力圖突破
香港法律的限制。

　　今天新亞書院在桂林街的原址，已改建成私人樓宇，只餘下新亞書院紀念公園，展出不少藏品，包括饒宗頤「新亞舊址」牌匾，以及刻有「誠明」二字校訓的牆等，留下新亞書院在桂林街的足跡。

饒宗頤文化館（前荔枝角醫院）

深水埗北面的美孚，原稱「狗爬徑」，後來雅化稱為「九華徑」，再建成美孚油庫，於是附近的大型私人屋苑，稱為「美孚新邨」。當地曾是沿海地區，山上曾興建宿舍和隔離中心，經歷歲月滄桑演變成今日的饒宗頤文化館（Jao Tsung-I Academy）。

饒宗頤文化館，簡稱「饒館」，前身是荔枝角醫院（Former Lai Chi Kok Hospital），乃一至兩層高的建築群，依山而建，是香港三級歷史建築。1887年，清朝在荔枝角、馬灣等地，設立九龍關分關，徵收鴉片關稅，以防走私，並在荔枝角山上設立九龍關界石，碑石立於今饒宗頤文化館內，碑石現時暫被圍封。1898年以後，英資公司興建華籍工人宿舍，工人被轉往南非「賣豬仔」。「賣豬仔」意指華人被騙到外地做苦工，當時被騙到南非開礦的「豬仔」超過二千人，不久被政府禁止，宿舍荒廢。

1904年，一艘南洋船隻來港，船上爆發霍亂，於是港督盧吉將宿舍改建成隔離中心。之後宿舍曾改作不同用途，包括：軍營及拘留營。1937年起天花等傳染病肆虐，上址成為一所傳染病醫院兼精神病康復療養院，1948年易名為荔枝角醫院。2004年，荔枝角醫院的土地使用權交回政府，病人被轉往賽馬會荔景社會服務中心（現稱「明愛賽馬會荔景社會服務中心」）。

2008年，前荔枝角醫院是首批發展局「活化歷史建築夥伴計劃」的七個項目之一，由香港中華文化促進中心負責活化，強調文化承傳理念的重要，並於四年後完成第一期的活化工程，以中心的名譽會長饒宗頤教授命名，定名為饒宗頤文化館，館內收藏不少饒宗頤教授的書畫及學術著作，促進文化承傳的使命。

筆之隨想：活化後的饒宗頤文化館，不
少遊人會為市集或展覽而來，每逢花
季亦會吸引很多攝影發燒友到訪。遊人多
了，所帶動的活動也增加了，這樣會否就
是「活化歷史建築」的成功例子呢？

↑ 饒宗頤文化館

信興酒樓

信興酒樓（Shun Hing Restaurant），前稱信興茶室，早在 1936 年開業，直至 1980 年代才改稱信興酒樓，位於桂林街，其中食品以棉花雞、燒賣、牛肉腸粉等最為著名。1950 年因為樓宇重建暫停營業，並將樓高四層的酒樓重新裝修，其後大致保留原貌，直至結業為止。

1958 年，信興酒樓掛起約四層高的霓虹招牌，是酒樓的一大特色。可是到了 2010 年，屋宇署訂下新規例，招牌不能橫伸 4.2 米，離地不少於 3.5 米，使信興酒樓拆卸招牌，開始思考日後發展。信興酒樓位於舊式樓宇區域，加上翻新困難，經營成本高昂，決定在 2016 年 12 月 29 日結業，使信興酒樓成為不少香港人的集體回憶。

← 信興酒樓

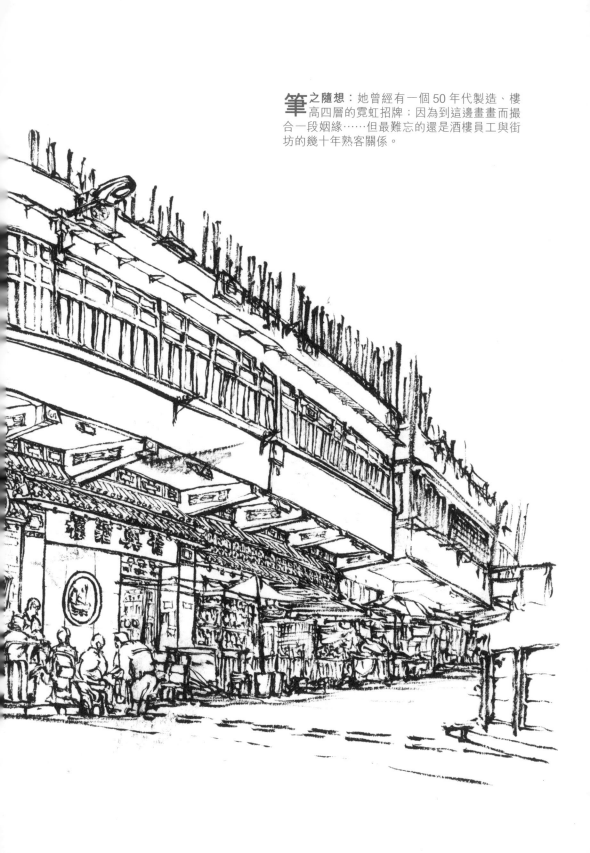

筆之隨想：她曾經有一個50年代製造、樓高四層的霓虹招牌；因為到這邊畫畫而撮合一段姻緣……但最難忘的還是酒樓員工與街坊的幾十年熟客關係。

港產片拍攝地點

深水埗是不少電影拍攝的主要場地，不論是港產片，還是外語片，都選擇在深水埗拍攝，例如：《無間道》講述梁朝偉與劉德華在鴨寮街的影音店碰面；葉德嫻主演的《桃姐》，將劉德華飾演的少爺撫養成人，都是主要在深水埗一帶拍攝，其中包括基隆街、通州街等地，將香港人的生活片段搬上大銀幕。而外語片《變形金剛4：絕跡重生》，就選擇在南昌街、大南街等地拍攝，更在橫街窄巷中左穿右插，深水埗成為機械人的戰場，幕幕精彩。

直至2020年，香港上映一齣以深水埗為題的電影——《夜香·鴛鴦·深水埗》，香港以深水埗的地區名為電影名稱，是絕無僅有的，其中故事帶出深水埗政治社會、吃喝玩樂等事情，展現深水埗的不同面貌。

↑ 深水埗的街道

131

筆之隨想：在深水埗街上行走，你很容易感受到
其獨有活力，當然她的美又怎會只限於此？換
個角度細看，你會發現之前所接觸的只是冰山一角。

第四章

深水埗的特色街道

海壇街的二手電器買賣

　　海壇街，名稱來自海壇島（今福建省平潭縣），最初是填海區域，二次大戰前後興建不少樓宇，所以近年時有海壇街大廈重建的新聞。

　　海壇街是售賣二手電器的集中地，例如：電腦、電視機、電冰箱、冷氣機等，交易頻繁，既便宜，又環保，一舉兩得。然而，電器時有擺放在街邊，甚至馬路，造成行人過路不便，以及交通擠塞，情況有待改善。

筆之隨想：我認識海壇街不是因為二手電器。回想起已是 2014 年初，當時因關注重建問題而合辦了一個展覽，期間經常在海壇街街頭作畫，認識了一班來自世界各地做回收的漢子，非洲、南亞、四川、湖北⋯⋯各有故事，只是因緣際會聚首於深水埗海壇街。

鴨寮街的排檔

　　深水埗區的沿海位置，包括長沙灣的長灘，填海後成為長沙灣村，即後來的長沙灣道一帶，也包括深水埗一帶的農田與魚塘，即後來的鴨寮村。顧名思義，鴨寮村就是以養鴨為生的村落，直至 20 世紀初，政府在深水埗進行一系列的城市發展，清拆鴨寮村，變成今日俗稱「鴨記」的鴨寮街。

　　國共內戰期間，香港人口激增，由二次大戰後的一百多萬人，增至 1950 年代初超過二百五十萬人，待業人數順勢急增。政府早在 1947 至 1948 年間，簽發兩種新小販牌照，即固定攤位及流動小販牌照，規管小販經營及劃定小販擺賣區，藉此解決失業難題，使鴨寮街逐漸熱鬧起來。

　　自 1970 年代開始，鴨寮街逐漸變成傾銷二手電器的街道，初時包括舊式收音機、錄影機等，一向以廉價見稱，後來變成售賣不同電器的集中地，一直發展至今日，人山人海。

↑ 鴨寮街逐漸變成傾銷二手電器的街道

↑ 初時包括舊式收音機、錄影機等，一向以廉價見稱，後來變成售賣不同電器的集中地。

筆之隨想：鴨寮街日常一般也是人頭湧湧，要速寫有一定難度（因為有一部份景物被不斷變化的景象遮蓋，必須按經驗捕捉及取捨），大家不妨考慮更多不同角度欣賞這多姿多彩的鴨寮街。

深水埗成衣的一站式服務

國共內戰後，香港人口急增，工廠增多，其中包括王啟宇及王統元父子在 1950 年創辦的香港紗廠。四年後，二人在青山道成立香港紡織有限公司，帶動深水埗的製衣業迅速蓬勃。自 1950 年代起，中環、油麻地已有不少成衣攤檔，後來由於深水埗人口眾多，而且交通方便，所以有不少攤檔遷至深水埗。以長沙灣道為例，現在被視為廉價服裝市場，成為一條售賣各式各樣衣服的時裝街。深水埗其他街道則售賣不同的衣服配件，並以中國內地及台灣的地方作為街道名稱，例如：

街道	名稱來源	售賣衣服配件	俗稱
汝州街	河南汝州市	珠仔（閃石、塑膠、水晶）	珠仔街
基隆街	台灣基隆市	布疋及鈕扣	鈕扣街或花布街
南昌街	江西南昌市	拉鏈及絲帶等花邊材料	花邊街

期間，醫局街至南昌街的商舖更組成「天光墟」。「天光墟」是粵區一種在街邊擺賣的市集，借用粵語「天光」一詞，即是只在清晨時分營業的地方，約在八時前結束。不少時裝設計師喜歡到深水埗採購布料，原因是店舖集中，配件齊全，可謂深水埗成衣業的「一站式服務」。另外，觀塘、旺角、上水等地都有「天光墟」。

福榮街與玩具街

如第一章所說，自 1930 年代以後，菴由街及田寮街分別改稱福榮街及福華街。自 1970 年代以後，福榮街逐漸變成玩具批發的街道，現有超過三十間的玩具店，所以被稱為「玩具街」。

福榮街有玩具批發及零售的店舖，售賣懷舊、動漫、模型、各國卡通等玩具，琳瑯滿目。每逢新年、中秋節、聖誕節等假期前後，店舖都有色彩繽紛的裝飾，吸引大眾目光，充滿節日氣氛，是不少人的童年回憶。當中更有不少便宜貨品，等待人們「尋寶」呢！

↑ 玩具街在假日時人山人海，是一個老少咸宜的地方。

↑ 深水埗另一繁忙街道福榮街

筆之隨想：深水埗另一繁忙街道，但活躍的年齡層截然不同。吸引我駐足畫畫的是與北河街交界的這五層高舊樓——她的層次、她的活力、獨有魅力就是這樣散發着。

福華街與黃金商場

↑ 福華街的排檔

　　深水埗區店舖以售賣服飾為主，1970 年代在福華街興建的黃金商場，最初就是用來售賣時裝。自 1980 年代起，香港電子業發展蓬勃，黃金商場逐漸改為銷售電腦設備、遊戲等等。全球電腦發展一日千里，黃金商場已搖身一變，成為香港主要售賣電腦產品的商場。

　　回憶當年，黃金商場是「砌機人士」的天堂，即是用較便宜的價錢，購買一部電腦。後來，黃金商場與高登商場並駕齊驅，售賣各式各樣的電腦產品，以致日後一些網上討論區，都以電腦商場的名稱命名呢！

↑ 原是售賣時裝的黃金商場，至 1990 年代開始，以售賣電腦用品為主，成為深水埗追上潮流的象徵。

巴域街的舊式建築

巴域街（Berwick Street），名稱來自英國城市巴域，現存不少舊式樓宇，都是建於 1952 年前後，單位物盡其用，與鄰舍相連，是舊式樓宇的一貫建築。1953 年的石硤尾大火後，不少難民都在巴域街餐風宿露，生活艱辛，後來遷至李鄭屋邨等徙置大廈。2016 年，巴域街部份樓宇被清拆，殊感可惜。

巴域街另一特色是監察院長于右任的題字——泉章居。1940 年代，陳奕泉及陳日章在廣東興寧創辦泉章居，從兩人的名字中，取一個字出來，成為中菜館的品牌。二人在 1949 年流亡來港，先於北河街 138 號復辦泉章居，又在 1950 年代，於巴域街 57 號創辦分店，以正宗的客家菜館作招徠。由於陳奕泉與于右任相熟，約在 1954 年 7 月，獲于右任題字。

于右任在中華民國成立後，曾任臨時政府交通部次長、陝西省政府主席、監察院長等，其中擔任監察院長長達三十四年。書法方面，于右任被譽為「民國四大書法家」，以草書享負盛名，現時于右任的書法市場價值不菲，成為收藏家的珍品。

↑ 于右任題字的泉章居，曾在巴域街開店，現已喬遷，但題字依然
留在巴域街，成為巴域街其中一個特色。

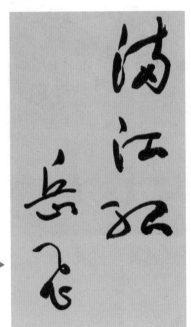

身為監察院長的于右任，→
以狂草的字體享負盛名，
其中包括右圖寫下「岳
飛《滿江紅》」，與泉
章居的題字大異其趣。

↑→ 巴域街曾經有一石牆森林

筆之隨想：巴域街曾經是我最喜歡的深水埗街道，說是曾經，因為我最喜歡的那部份已消失……還記得那時候曾經有一石牆森林，有雪糕公司。可幸的是我已把她以畫筆記下，而回憶亦印在腦中。

↑ 深水埗巴域街

附錄

著名人物

黃耀東

黃耀東（1865 年 3 月 6 日－ 1940 年 8 月 17 日），諱月榮，字世光，號耀東，以號見稱，廣東台山人，兄弟四人，黃耀東排行最後。家族以務農為生，黃耀東年少聰明，不久便到香港謀生，後來脫農入商。

黃耀東在香港工作期間，克勤克儉，備受讚賞，磨練日久，便創辦不同商號：金器、木材、雪廠、船廠、紡織、酒家等，工種廣泛。1918 年，黃耀東與友人合組九龍四約街坊輪船公司，在深水埗興建碼頭，次年開辦深水埗與中環的航線便民，來往港九，深水埗經濟活動自此活躍。黃耀東在尚未開發的深水埗投資，可算獨具慧眼。

黃耀東獲利後，在大埔道 142 號興建西式洋房——東盧別墅（東盧大廈現址），別墅經常對外開放，與眾同樂，深受民眾歡迎，成為大眾玩樂的好去處。商人對外開放住宅的做法，今日已難得一見。

黃耀東宅心仁厚，濟弱扶傾，在醫局街斥資興建深水埗公立醫局。1932 年，黃耀東創辦耀東義學，又捐助石門中學、南海中學、

華南中學、德明中學、香江中學、南方中學等，為出身寒微的人提供免費教育，令學校春風化雨，受惠者眾。黃耀東對深水埗貢獻良多，因而獲得「深水埗皇帝」的美稱。

黃耀東樂善好施，不忘公益，歷任華商總會名譽值理、華人永遠墳場值理、東華醫院總理兼永遠顧問、博愛醫院主席、團防局成員等，亦曾擔任四屆保良局總理。1937年，英皇佐治六世登基，向黃耀東頒發勳章，表揚黃耀東服務社會，而深水埗耀東街正是紀念黃耀東而來，反映黃耀東功勳卓著。

1940年8月，黃耀東在東廬逝世，享年七十五歲。桂玷、李福林等人成立治喪委員會，籌備黃耀東的喪禮。黃耀東的喪禮在8月31日舉行，靈柩由東廬移出，沿青山道而行，安葬在沙田的裕昌別墅，後遷葬香港仔華人永遠墳場。據黃耀東墓誌銘所記，黃耀東子孫繁衍，兒女共二十三人，孫兒十三人，曾孫五人，其中以兒子黃伯芹見著，幼承庭訓，樂於助人，都是黃耀東管教有方的功勞。

張子芳

　　張子芳（1912 － 2004 年 2 月 26 日），
廣東江門人，年少時，已跟父親到新加坡
從商。父親逝世後，張子芳在表兄黃華岳
家暫住，後來察覺到西餅及餅乾的需求日
增，游說從事像俬買賣的黃華岳，改為經
營麵包工廠。黃華岳恰巧曾任職麵包店，
於是二人在香港動植物公園研究經營方針，
於 1926 年 11 月 26 日，在荔枝角道創辦嘉
頓，次年在德輔道中開辦第一間門市，售
賣各式各樣的麵包、餅乾及蛋糕，當時張
子芳只有十五歲。

　　1935 年，張子芳以一萬港幣購入青山
道地皮，三年後將嘉頓遷至當地，為食物
延長保質期，提高營養成份，遠銷海外。
當時正值「八年抗戰」，張子芳決定連續
七日七夜生產「抗日勞軍餅」，享譽國內。
嘉頓在「三年零八個月」時，廠房運作停
頓，香港重光後才恢復生產。張子芳與政
府關係良好，所以為香港海陸空三軍供應
麵包及餅乾，並向市民分發，以五毫子一
磅的公價發售，令嘉頓享負盛名。

　　1949 年以後，張子芳參與貿易訪英團，

成為戰後訪英的第一批香港商人，參觀英國工業展覽，考察英國食品工場，為嘉頓改革生產模式，引進自動製餅機，日產五千公斤，增加供應量。適逢國共內戰後期，大量移民湧入香港，令嘉頓食品的需求大增，迎合需求。

張子芳工作勤奮，經常巡視業務，而且領導有方，主動與員工溝通，改善工作環境，是嘉頓成功的主要因素。加上子承父業，兒子張尚羽幼承庭訓，與父親都行事低調，鮮有公開露面，但經常出入嘉頓廠房幫忙，成為業界翹楚。1960 年，張尚羽從日本學成歸來，協助延聘專家，研究在麵包中加入維他命及礦物質，並以藍白相間的蠟紙包裝，保持新鮮，成為今日街知巷聞的「生命麵包」。張子芳有四仔四女，都學有所成，其中三名兒子都承繼父業，打理家族生意，也是嘉頓成功的原因之一。

1962 年，張子芳在深井開設新廠房，增加生產，部份產品更遠銷海外。不少連鎖快餐店都與嘉頓合作，確保供應穩定，使嘉頓的市場佔有率高達八成，雄踞首位，成為食品王國。雖然如此，但是張子芳為人隨和，主動向商舖回收囤積的麵包，以免商戶收入受損，贏得商戶支持。1980 年代，張子芳決定在東莞及揚州等地設廠，擴大嘉頓業務發展。2004 年 2 月 26 日，張子芳在瑪麗醫院逝世，享年 93 歲。

雷亮

雷亮（？－1944），原名雷鴻維，廣東台山人，是一名中醫師，兼習跌打，1920年代來港，不久從商，經營出入口及礦務生意。雷亮以誠實穩重見稱，加上刻苦耐勞，獲得客人信任。

1932年5月，雷亮與鄧肇堅、雷瑞德、伍時暢等人獲港府批出專利權，創辦九龍汽車（一九三三）有限公司（The Kowloon Motor Bus Co.（1933）Ltd，簡稱「九巴」），次年6月生效，一舉重整香港的公共運輸，使九龍新界的巴士服務大致穩妥。

雷生春大樓在1930年代落成，雷亮在雷生春自設藥房，生產跌打酒，其中以「八寶跌打刀傷藥露」名聞中外。可惜的是，雷亮在1944年逝世，雷氏後人陸續遷出雷生春。雷生春歷史悠久，漸漸成為深水埗的地標。

錢穆

　　錢穆（1895 年 7 月 30 日－1990 年 8 月
30 日），原名恩鑠，字賓四，江蘇無錫人。
錢穆六歲入私塾，後因辛亥革命爆發，錢穆
所讀的中學停辦而輟學，其後任教小學及中
學。

　　1930 年，錢穆發表《劉向歆父子年譜》，
獲顧頡剛推薦，任教燕京大學，自此先後任
教北京大學、清華大學、北平師範大學等。
八年抗戰時期，錢穆任教西南聯大、武漢大
學、齊魯大學、四川大學等，期間出版《國
史大綱》，以國族人身份撰寫中國歷史，勉
勵國人，希望為抗戰出一分力。

　　1949 年 4 月，錢穆任教廣州私立華僑大
學，半年後隨大學成員南下香港，創辦亞洲
文商學院，次年易名新亞書院，擔任新亞書
院院長及教授。此後數年，錢穆教學、撰稿、
演講、籌款等工作非常繁忙，為新亞書院竭
盡全力。1955 年，錢穆獲香港大學頒贈名譽
博士學位。即使如此，筆者曾聽孫國棟教授
所述，錢穆始終不喜歡學生以教授、博士等
稱呼自己，只喜歡學生稱他為老師。只是一
個簡單的稱呼，便可知道錢穆由始至終喜歡

的就是傳統。

　　1963 年，新亞書院與崇基書院及聯合書院，合組成香港中文大學，錢穆一直擔任新亞書院院長一職，兩年後辭任，並於 1967 年到台灣定居，入住士林的素書樓，次年獲選為中央研究院院士。1989 年，時任立法委員的陳水扁質詢政府財產被錢穆不當佔用，要求錢穆搬家。錢穆避嫌，憤而遷出素書樓後三個月，即 8 月 30 日在杭州南路寓所逝世，終年 95 歲。1992 年，錢穆妻子胡美琦將錢穆靈骨遷葬於蘇州太湖之濱。

唐君毅

　　唐君毅（1909 年 1 月 17 日－1978 年 2 月 2 日），四川宜賓人，祖籍廣東五華，半歲就隨父親到成都，中學期間研習宋明理學，後來師從歐陽竟無，研究佛學，曾讀中俄大學及北京大學，後來轉讀國立中央大學哲學系，1932 年起任教四川中學，八年抗戰時，唐君毅任教華西大學及重慶大學。

　　1949 年 4 月，唐君毅任教廣州私立華僑大學，半年後與錢穆等人南下香港，次年創辦新亞書院，擔任教務長一職。他除了教學工作外，還為好友徐復觀創辦的《民主評論》撰稿，傳播儒家思想，成為《民主評論》的重要稿源。最重要的一篇文章莫過於 1958 年，與牟宗三、徐復觀、張君勱聯名發表《為中國文化敬告世界人士宣言》，被視為新儒家的重要文章，奠定新儒家的地位。

　　1963 年，香港中文大學成立，唐君毅擔任新亞書院哲學系講座教授兼系主任、教務長等職，至 1974 年退休。自 1968 年起，唐君毅一直擔任新亞研究所所長一職，直至 1978 年病逝為止，未曾懈怠，後來遷葬於台北觀音山朝陽墓園。

余英時

余英時（1930 年 1 月 22 日－），天津出生，祖籍安徽潛山，曾接受私塾教育，1949 年入讀燕京大學歷史系，受國共內戰波及，轉至香港新亞書院，師從錢穆，成為新亞書院第一屆畢業生。

余英時就讀新亞書院期間，在自由出版社的《自由陣線》撰文，擔任編輯，又與徐速等人創辦高原出版社，畢業後在友聯出版社的《中國學生周報》擔任總編輯，一直在出版事業努力，後來入讀新亞研究所，再遠赴美國哈佛大學，師從楊聯陞，獲歷史哲學博士。

余英時歷任美國密西根大學副教授、哈佛大學教授、新亞書院校長兼香港中文大學副校長、美國耶魯大學歷史系講座教授、普林斯頓大學講座教授等職。余英時著作等身，被選為中央研究院院士，獲得克魯格人文與社會科學終身成就獎，也是首屆唐獎「漢學獎」得主，被視為史學界的泰斗。

陳樹渠

陳樹渠（1914－1973年4月16日），字仲成，廣東防城人。父親陳維周，曾任兩廣鹽運使，叔父是被稱為「南天王」的陳濟棠，家族聲名顯赫。陳樹渠曾讀國立中山大學、嶺南大學，後來入讀哥倫比亞大學，獲得碩士及博士學位，直至1938年回國，擔任重慶復旦大學教授，後任廣東防城縣長、海南建省委員會秘書、國民政府行政參政等職位，聲望日隆。

早在1930年代，陳維周已在北角興建「繼園」，意指廣東以後第二個家園，所以陳樹渠在1940年代前往香港時，已有一定發展基礎，並投身商界及教育界，經營桐油生意，廣設戲院，活躍杏壇，在深水埗創辦香江書院，成為大專學界著名的「僑校」，其他學校還有香江中英文中學、九龍仁伯英文書院及仁伯英文中學，身兼校長、校監等職，興建北角街坊大會堂，建樹良多。

1973年4月16日，陳樹渠積勞成疾，心臟病發逝世，與父親陳維周及母親何壁珍安葬於洪水橋的家族墓園。香江中學不久易名為陳樹渠紀念中學，2020年，陳樹渠紀念中學從九龍塘遷至深水埗，延續教育使命。

吳宇森

　　吳宇森（1946 年 5 月 1 日－），廣州出生，祖籍廣西梧州，1950 年初移居香港，入讀協和小學，受石硤尾大火波及，身份證明文件付之一炬，未能前往台灣，而入住包寧平房。後遷進石硤尾邨第四座，在深水埗欣賞各式各樣的電影，中學時期參加戲劇社，自 1960 年代起投稿《中國學生周報》。《中國學生周報》的電影版是一眾「電影發燒友」的寫作平台，他們評論世界各國的電影，推動香港電影業的發展，成為吳宇森進入電影圈的啟蒙。

　　1969 年，吳宇森擔任國泰電影場記，後來加入邵氏公司，獲得張徹導演的賞識，擔任助理導演，1973 年為《鐵漢柔情》執導，後來執導許冠文、許冠傑的《鬼馬雙星》、《半斤八兩》、《賣身契》等喜劇，好評如潮。1986 年，吳宇森的事業「更上一層樓」，自編自導自演的《英雄本色》，刻劃兄弟手足的情義，獲得香港電影金像獎最佳電影、台灣金馬獎最佳導演等獎項。日後的《喋血雙雄》、《喋血街頭》、《辣手神探》等作品，成就了他「暴力美學」的拍攝風格。

　　自 1990 年代起，吳宇森遠赴美國荷李活發

展，拍攝《終極標靶》、《斷箭》、《奪面雙雄》、《不可能的任務2》等電影，步入事業的另一高峰。2004年，吳宇森獲得浸會大學頒授榮譽博士學位，後來重返華人電影圈，拍攝《赤壁》，擔任《賽德克巴萊》的監製。吳宇森近年屢獲殊榮，獲得威尼斯影展終身成就獎、2013香港藝術發展獎、東京國際影展武士獎等。吳宇森永不言倦的精神，為香港電影史寫上新一頁。

草 圖

小 圖

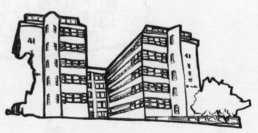

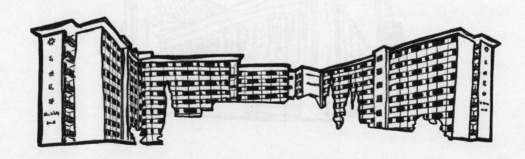

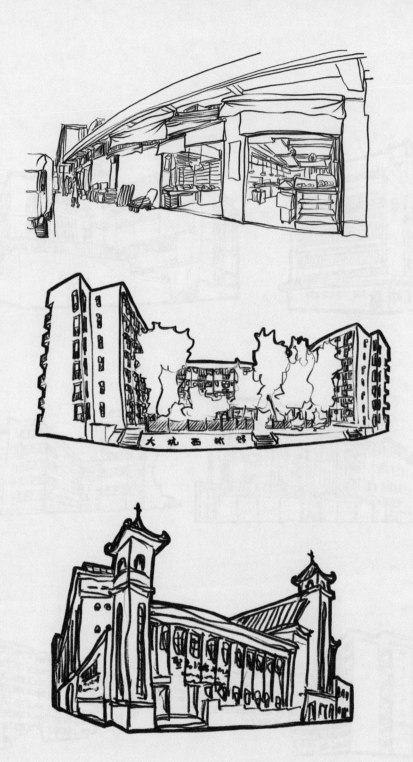

www.cosmosbooks.com.hk

書　　名　深水埗畫當年
作　　者　柴宇瀚　彭啤
繪　　圖　彭啤
策　　劃　林苑鶯
責任編輯　宋寶欣
封面設計　楊曉林
美術編輯　楊曉林
出　　版　天地圖書有限公司
　　　　　香港黃竹坑道46號
　　　　　新興工業大廈11樓（總寫字樓）
　　　　　電話：2528 3671　傳真：2865 2609
　　　　　香港灣仔莊士敦道30號地庫（門市部）
　　　　　電話：2865 0708　傳真：2861 1541
印　　刷　亨泰印刷有限公司
　　　　　柴灣利眾街德景工業大廈10字樓
　　　　　電話：2896 3687　傳真：2558 1902
發　　行　香港聯合書刊物流有限公司
　　　　　香港新界荃灣德士古道220-248號荃灣工業中心16樓
　　　　　電話：2150 2100　傳真：2407 3062
出版日期　2021年6月／初版